Das Geschehen von Palmsonntag und Gründonnerstag den Kindern erklärt

von Maria-Regina Bottermann-Broj

mit Bildern von Susanne Malessa

Verlag Butzon & Bercker Kevelaer

Was es heute bei uns mit dem Palmsonntag auf sich hat

Unser *Palmsonntag* in der Kirche beginnt mit der *Palmprozession*, bei der das Kreuz vorangetragen wird: das Zeichen für den Tod Jesu, aber auch das Zeichen für den Sieg Jesu über den Tod.
Beim Einzug Jesu in Jerusalem brachen die Leute Palmzweige von den Bäumen und begrüßten damit Jesus als den Befreier. Schon lange vor der Geburt Christi galten Palmen als heilige Bäume. Aber auch im römischen Reich wurden siegreichen Soldaten Palmen verliehen. Die Palmen vom Einzug in Jerusalem sind deshalb als Zeichen der Königswürde zu verstehen.
In Deutschland bindet man anstelle der Palmzweige – wo wachsen hier schon Palmen ? – Gebinde aus Buchsbaum und Weidenkätzchen (Palmkätzchen). Oft sind diese Zweige mit bunten Bändern geschmückt. Heute sind die Weidenkätzchen vom Aussterben bedroht und müssen, vor allem auch weil sie die erste Nahrungsquelle für die Bienen sind, geschützt werden. Statt dessen kann man Buchsbaum, frisches Birkengrün oder andere grüne Zweige verwenden.
In der Meßfeier am Palmsonntag werden diese Zweige gesegnet. Die Gläubigen nehmen sie mit nach Hause, wo die Palmzweige hinter dem Kreuz oder dem Gefäß mit Weihwasser ihren Platz finden.
Der Palmsonntag ist der erste Tag der Woche, die *Karwoche* heißt. In dieser Woche denken wir an das Leiden und Sterben Jesu. Unser König ist kein Herrscher in schönen Gewändern. Er läßt sich von Gott gebrauchen und macht sich auch noch zum Knecht der Menschen. Er läßt sich von ihnen verspotten und verhöhnen und opfert sich sogar für sie.
Wir aber sind aufgerufen, Diener und Dienerinnen dieses Königs zu werden. Dann hält er mit uns Einzug in seine neue Welt.

Wo der Gründonnerstag seinen Ursprung hat

Lange Zeit lebte das Volk Israel in Ägypten. Das war für die Israeliten natürlich ein ganz fremdes Land. Ihre Religion sah man dort sehr ungern. Deshalb hatten sie viel unter dem Pharao, der dort regierte, zu leiden. Sie wurden wie Sklaven gehalten und mußten alle Arbeit für ihn tun. Sie wurden verfolgt und mißhandelt. Viele starben unter dieser Verfolgung.

Eines Tages aber gab Gott den Israeliten ein Zeichen, das Land zu verlassen. Er gab ihnen die Verheißung, daß sie es im Gelobten Land besser haben würden. Dort sollten sie in Ruhe und Frieden leben können.

Mose war der Anführer der Israeliten. Bevor sie die Flucht wagten, hielten sie noch einmal Mahl. Für dieses Mahl wurde flaches Brot gebacken und ein Lamm geschlachtet. Mit dem Blut des Tieres machten sie ein Zeichen vor die Tür des Raumes, in dem sie beisammen saßen. Damit machten sie deutlich: Hier sind Menschen zusammen, die lieber an Gott festhalten, als weiterhin in Ägyptens Knechtschaft zu leben. Die Flucht gelang.

Zur Erinnerung an den geglückten Auszug aus Ägypten feiern die Juden dieses Mahl jedes Jahr wieder. Den Tag, auf den das Mahl fällt, nennen sie *Pascha*.

Am Morgen des *Gründonnerstags* wird bei uns Christen nur in einer Bischofskirche eine Messe gefeiert. Dort weiht der Bischof die Öle für die Sakramentenspendung, die im nächsten Jahr gebraucht werden (für Taufe, Firmung, Krankensalbung, Altar- und Priesterweihe). Vom Dom aus werden die *heiligen Öle* in alle Pfarreien des Bistums gebracht. Erst am Abend versammeln sich die Pfarrgemeinden in ihren Kirchen zur Abendmahlsfeier.

Ein schönes Bild, nicht wahr?
Menschen sitzen um einen
festlich gedeckten Tisch herum.
Sie sind fröhlich.
Man sieht es
an ihren Gesichtern.
Männer und Frauen sind da,
Erwachsene und Kinder,
Mädchen und Jungen.
Auf dem Tisch steht eine Torte.
Eine große „65“ ist aufgemalt.
Was das wohl zu bedeuten hat?
Klar, du weißt es schon.
Jemand wird 65 Jahre alt.
Ob es die Oma
des kleinen Mädchens ist,
das gerade vor Freude
in die Hände klatscht?
Oder ist es vielleicht
der Opa des Jungen,
der gerade Luftschlangen
in die Höhe wirft?

So eine Feier kennst du
jedenfalls auch.
Bestimmt hast du sie
schon oft erlebt,
ob nun Mama oder Papa
Geburtstag feierten
oder Oma oder Opa.
Es ist schön,
wenn alle zusammen sind.
Es gibt gutes Essen.
Die Großen erzählen viel
von vergangenen Zeiten.
Die Menschen erinnern sich
an das, was früher war,
und sprechen darüber,
wie es heute ist.

65

Von einem Fest berichtet
auch dieses Buch,
sogar von einem besonders
großen und schönen.
Es war das letzte Fest,
das Jesus mit seinen Freunden,
seinen Jüngern feierte.
Aber soweit sind wir noch nicht.
Bevor wir zu diesem Fest kommen,
müssen wir uns noch
an einiges erinnern,
was vorausgegangen war.

Viel hatten die Menschen
von Jesus erfahren,
und vieles hatten sie
mit ihm erlebt.
Sie waren dabei,
als er Kranke heilte,
Tote zum Leben erweckte,
Hungernden zu essen gab,
als er Menschen,
die traurig waren,
tröstete und froh machte.
All das gefiel ihnen sehr.
Sie fanden das toll.
Jesus war so anders als sie selbst.
Er konnte nicht zusehen,
wenn es Menschen nicht gut ging.

Er konnte einfach nicht
wegschauen und vorbeigehen,
wie die meisten es taten.
Er kümmerte sich um jeden.
Manche schüttelten den Kopf,
lachten über ihn und sagten:
„Er übertreibt.
Man kann nun mal nicht jedem helfen.
Die müssen halt selbst sehen,
wie sie ihre Probleme lösen.
Einige sind ja auch selbst schuld,
daß es mit ihnen
so weit gekommen ist.
Sollen sie doch sehen,
wie sie klar kommen!“
Jesus antwortete dann:
„Mein Vater im Himmel
hat alle Menschen erschaffen.
Er hat gewollt, daß es sie gibt.
Mag sein,
daß der eine oder die andere
Unrechtes getan hat.
Dann aber liegt es an uns,
ihnen zu helfen.
Wir dürfen sie nicht im Stich lassen.
Gott wäre dagegen.
Seinen Willen aber
gilt es zu erfüllen.“

Mit der Zeit aber
wurde die Zahl der Menschen
immer größer,
die sagten und glaubten:
„Jesus macht es richtig.
Alle Menschen behandelt er gleich.
Er sagt,
daß sein Vater im Himmel
es so will.
Vielleicht sollten wir es
genauso machen wie er."
Natürlich konnten sie
keine Kranken heilen.
Sie konnten auch keine Toten
zum Leben erwecken.
Das konnte nur Jesus,
der Sohn Gottes.
Aber sie bemühten sich,
gut zueinander zu sein.
Sie trösteten Traurige.
Sie teilten das,
was sie besaßen,
mit Menschen,
die weniger hatten.

Wenn jemand sie fragte:
„Warum tut ihr das für mich?
Es kann euch doch egal sein,
was mit mir ist.
‚Hauptsache, mir geht es gut',
so denken doch die meisten",
dann antworteten sie:
„Wir glauben an Jesus,
und wir glauben an Gott,
seinen Vater.
Er will,
daß es allen gut geht.
Deshalb bist du für uns wichtig.
Deshalb wollen wir
für dich da sein,
damit auch du spürst,
daß Gott dich
unendlich lieb hat."

Von Tag zu Tag
wuchs die Zahl der Menschen,
die so handelten.
Ihre Gemeinschaft
wurde immer größer.
Immer mehr dachten:
„Mit Jesus gehen wir
guten Zeiten entgegen.
Unser Land ist besetzt von Soldaten.
Die wollen uns weismachen,
daß wir an den Kaiser
glauben sollen.

Dem sollen wir
unser Geld geben
und ihm gehorchen.
Aber wir haben Jesus,
an den wir glauben.
Wir brauchen keinen Kaiser.
Jesus wird unser König sein.
Er wird uns sagen,
was wir tun sollen.
Er hat die Macht
und die Kraft,
uns in eine bessere Zukunft
zu führen.
Mit ihm sind wir stark.“

Jesus kannte ihre Gedanken,
so wie er immer weiß,
was in den Menschen
vor sich geht.
Er wollte den Menschen zeigen,
daß auch er ein König ist,
aber ein ganz anderer,
als sie ihn
aus ihrer Erfahrung her kannten.
Deshalb sagte er
zu seinen Freunden:
„Besorgt mir einen Esel!
Schaut nach,
wo ihr ein solches Tier
herbekommt.
Ich brauche es.“

Am nächsten Tag geschah es:
Auf einem Esel ritt Jesus
in Jerusalem ein.
Zuerst waren die Menschen verstört,
erstaunt und durcheinander:
„Jesus, unser König,
auf einem Esel?
Was soll das?
Was will er uns damit zeigen?
Der Kaiser kommt immer
in einer Kutsche,
von vielen schönen Pferden
gezogen.
Ein König auf einem Esel?
Ein komisches Bild!
Aber vielleicht paßt ja
genau das zu Jesus,
der so anders ist
als der Kaiser.“

In Windeseile sammelten sie
Zweige von Ölbäumen,
legten sie auf die Erde
und riefen:
„Hosianna, Jesus!
Gelobt seist du, Sohn Gottes!
Wir glauben an dich.
Wir wollen dir gehorchen
und folgen.
Sei unser König!"

Auf seinem Esel durchritt Jesus
die Menschenmenge.
Sehr glücklich sah er dabei
nicht aus.
Vielleicht dachte er:
„Warum tun sie das?
Was wollen sie von mir?
Wozu wollen sie mich
als ihren König?
Ich habe doch kein Reich
auf dieser Welt.
Mein Reich ist bei Gott,
meinem Vater im Himmel.
Dieses Reich gehört allen,
die an meinen Vater glauben.
Dorthin werden sie alle
einmal kommen."
Segnend streckte er den Menschen,
den großen und den kleinen,
den alten und den jungen,
seine Hände entgegen
und rief ihnen zu:
„Seid gesegnet von Gott,
von meinem Vater
und eurem Vater.
Seid gut zueinander!
Liebt euch so,
wie Gott euch liebt."

Wenige Tage später sagte er
zu seinen Freunden:
„Besorgt mir einen großen Raum.
Ich will mit euch
ein Fest feiern."
Sie gingen auf die Suche
und fanden einen großen Saal.
Alle waren sehr gespannt.
Ein großes Fest?
Oh ja, da wollten sie alle
dabei sein.
Der Tisch war gedeckt
mit Brot und Wein.

Als alle saßen,
nahm Jesus Brot und Wein
in seine Hände.
Er sprach das Dankgebet,
reichte ihnen Brot und Wein
und sagte:
„Das ist mein Leib.
Das ist mein Blut.
Das bin ich selbst.
Bald muß ich von euch fortgehen.
Wohin ich gehe,
dahin könnt ihr mir nicht folgen.
Aber ich lasse euch nicht allein.

Ich trage euch die Sorge dafür auf,
daß die Menschen dieses Mahl
immer wieder miteinander feiern.
Immer wieder sollen sie
von diesem Brot essen,
das ich selbst bin.
Dann spüren sie,
daß ich bei ihnen
und in ihnen bin.
Ich will mein Leben
nicht für mich behalten.
Ich teile es unter euch aus.
Ich verschenke mich an euch.
Das aber ist auch
meine Bitte an euch:
Teilt von eurer Liebe
an die Menschen aus.
Gebt von all den guten Gaben,
die Gott euch gegeben hat, ab.
Behaltet sie nicht für euch.
Dann baut ihr mit
am Reich der Liebe,
des Friedens und
der Gerechtigkeit Gottes,
meines und eures Vaters."

Wenige Stunden später
nahmen die Soldaten
Jesus gefangen.
Sie töteten ihn am Kreuz.
Seine Freunde legten ihn
in ein Grab.
Dort ist er aber
nicht geblieben.
Maria von Magdala
war die erste,
die dem Auferstandenen
begegnete.

Seitdem wissen wir:
„Jesus ist nicht tot.
Er lebt.
Er lebt bei Gott,
seinem Vater im Himmel.
Einmal wird er wiederkommen
als wirklicher König dieser Welt.
Dann wird er sein Königreich
in Besitz nehmen,
ein Reich voll von Liebe
und Güte für alle Menschen."

Jesus hat uns wirklich nicht
allein gelassen.
Er hatte es ja
am Gründonnerstagabend
beim Abendmahl versprochen.
In jeder Messe
sind wir eingeladen,
ihm zu begegnen.
Wir können ihm ganz nah sein,
wenn wir aus seinem Leben hören
und das heilige Brot
ausgeteilt wird.

Ein bißchen kannst du das
vergleichen mit der Feier,
von der ich am Anfang erzählt habe.

Menschen erinnern sich
an die Vergangenheit.
Sie erzählen einander,
was früher war
und wie es heute ist.
So ist es auch,
wenn Christen zusammenkommen
zu ihrer Feier.
Sie hören von Gott
und von Jesus.
Dann teilen sie das Brot,
weil sie wissen:
„Jesus selbst
ist in diesem Brot.
Er ist bei uns,
mitten unter uns.
Wenn wir von diesem Brot essen,
ist Jesus sogar in uns.“

Jeder Mensch –
auch DU und ich –
kann ein Stück Jesus sein
für andere.
Wenn wir von unserer Liebe abgeben,
wenn wir von allem Guten,
was wir können und besitzen,
austeilen an andere,
dann setzen wir uns
für Gottes Reich ein.

Dann sind wir Mitarbeiter
und Mitarbeiterinnen Jesu,
die Stück für Stück mitbauen
am Königreich Jesu,
am Reich der Liebe Gottes
mitten auf dieser Erde,
für alle Menschen dieser Welt.

Weitere biblische Geschichten von Maria-Regina Bottermann-Broj:

Die Schöpfung den Kindern erzählt
Mit Bildern von Heide Mayr-Pletschen
ISBN 3-7666-9730-7

Die Geschichte von der Arche Noach den Kindern erzählt
Mit Bildern von Margarete Koplin
ISBN 3-7666-9879-6

Die Geschichte vom blinden Bartimäus den Kindern erzählt
Mit Bildern von Claus Danner
ISBN 3-7666-9918-0

Die Geschichte von Zachäus den Kindern erzählt
Mit Bildern von Gertrud Schrör
ISBN 3-7666-9955-5

Die Geschichte der Maria von Magdala den Kindern erzählt
Mit Bildern von Gertrud Schrör
ISBN 3-7666-9929-6

Die Geschichte der Emmaus-Jünger den Kindern erzählt
Mit Bildern von Gertrud Schrör
ISBN 3-7666-9900-8

Die Deutsche Bibliothek - CIP-Einheitsaufnahme

Das **Geschehen von Palmsonntag und Gründonnerstag den Kindern erklärt** / von Maria-Regina Bottermann-Broj. Mit Bildern von Susanne Malessa.
– 2. Aufl. – Kevelaer : Butzon und Bercker, 1996
ISBN 3-7666-9928-8

verlags gruppe engagement

ISBN 3-7666-9928-8

2. Auflage 1996

Texterfassung: Elisabeth von der Heiden, Geldern
Lithos: IF Publication Service, Mönchengladbach
Druck und Bindearbeiten: Benatzky, Hannover